A MM. LES MEMBRES

DE LA

Société Industrielle et Commerciale,

A Paris.

A MM. LES MEMBRES

DE LA

Société Industrielle et Commerciale,

A PARIS.

MESSIEURS ,

Votre honorable président m'avait offert l'emploi de commis facteur sur la place de Paris.

Flatté, au-delà de toute expression , d'être mis en rapport avec l'élite de l'industrie parisienne, et muni de la lettre d'introduction de M. le président, je m'étais rendu chez quelques-uns d'entre vous; j'en avais déjà reçu les cartes, lorsque les sieurs Victor et Gustave Laurent Mayer formèrent opposition à mon admission.

Pour soutenir leur opposition, ils ont recours à une infâme calomnie.

M. le président me demande des explications, je

es lui fournis ; il demeure convaincu que je suis en lbutte à d'indignes méchancetés, et persiste à croire que je puis rendre quelques services à la Société industrielle.

Il ne croit pas devoir céder aux Mayer ; mais, n voulant rien prendre sur lui, il se décide à soumettre la question à la Commission.

La Commission, mue sans doute par un intérêt d'ordre intérieur, reculant devant l'idée de s'ériger en tribunal, décide que je ne serai pas admis devant elle ; mes accusateurs seuls ont été entendus et ils ont réussi à me faire exclure ; le mensonge et la calomnie ont triomphé.

C'est à ce sujet que je leur adresse la lettre ci-annexée.

Vous apprécierez, Messieurs, la valeur de ces hommes qui, pour assouvir une vengeance personnelle, privent la Société industrielle d'un employé qu'ils savaient bien capable de rendre de bons services.

Recevez, Messieurs, l'hommage de mon respect.

A. CRÉHANGE,

Teneur de Livres, 25, rue de Cléry.

LETTRE DE A. CRÉHANGE

A

Victor *et* Gustave Laurent Mayer.

Vous avez réussi, Messieurs, je n'aurai pas la place qui m'était offerte ; soyez glorieux de vos succès ; moi, j'aime mieux ma défaite que votre victoire.

Votre Commission ne m'a pas entendu, cela devait être ; s'il en eût été autrement, séance tenante, il aurait fallu procéder à votre expulsion de la Société. Pouvais-je m'attendre à cet acte de justice de la part d'hommes, fort honorables sans doute, mais qui ne me connaissaient pas, et qui venaient d'être travaillés par vos mensonges, vos sollicitations et vos intrigues.

Félicitez-vous de votre triomphe si vous l'osez ! Vous étiez là parties, accusateurs et juges ; vous mentiez sans danger, vous accusiez sans crainte, car vous aviez fait fermer la porte à la vérité, vous aviez fait interdire toute défense ; c'est digne de vous ! Des hommes d'honneur, des hommes qui disent vrai, ne craignent pas de regarder leur adversaire en face ; mais vous !...

Or, on l'a vu, on l'a entendu, des deux à trois cents preuves contre ma déloyauté, contre la fraude dont je me serais rendu coupable par une ligne ! Cependant, ne pouvant reculer devant la note infâme dictée à M. Vey... fils, il fallait aller jusqu'au bout, et, pour cela, vous n'avez rien eu de mieux à faire que de produire quelques lettres relatives à mon malheur récent, lettres sollicitées par la bassesse et accordées par la complaisance ou la lâcheté; lettres dont les signatures auraient dû, au moins, être vérifiées.

Aussi, très peu rassurés par ces tristes auxiliaires, vous avez cru devoir déployer, aux yeux de la commission, les certificats des *trente mille ouvriers* que vous occupez, certificats réchauffés, deuxième édition revue et corrigée; des certificats mendiés, lors de l'exposition, *pour rendre hommage à votre éclatant mérite*; certificats enfin, qui vous ont valu LA MÉDAILLE... DU RIDICULE, et l'invitation, de la part du jury, de méditer la fable du geai qui se pare des plumes du paon.

Insensés! avez-vous pu croire que la Commission était dupe de votre faux semblant de zèle, et de la susceptibilité, pour les intérêts de la Société, qui s'était emparée de vous? Non, non, le bout de l'oreille était trop visible, la méchanceté trop évidente. Et n'est-ce pas vous qui aviez présenté le facteur de Marseille? Quelle confiance aviez-vous en lui, votre beau-frère, vous trésorier de la factorerie, qui avez laissé protester son mandat de 130 francs à l'ordre d'un sociétaire? Vous voici donc atteints et convaincus d'avoir voulu favoriser un membre de votre famille au détriment des intérêts de la Société, puisque ce parent n'avait pas votre confiance. Et vous, Mayer, vous invoquez aujourd'hui l'intérêt de la Société pour empêcher l'admission d'un homme qui pouvait faire quelque bien et jamais de mal. Misérables!

VOUS AVEZ MENTI, quand, sur l'interpellation d'un membre de la Commission, vous avez répondu que vous ne me connaissiez pas lorsque je suis entré chez vous en qualité de teneur de livres. Vous me connaissiez fort bien, et je vous connaissais aussi. M. O....., que je quittais pour entrer chez vous, m'écrivit :

« Vous me quittez au moment où j'allais vous offrir une
« excellente place, plus un intérêt dans mes affaires, et pour
« vous mettre chez qui ? chez des gens qui se font un plaisir
« de tromper tous ceux qui ont le malheur de leur tomber
« sous la main !!! (1) »

C'est clair cela ; mais je ne pouvais y croire. Vous savez si bien prendre le masque d'honnêtes gens quand votre intérêt le commande ! O.... avait raison, et, en le quittant pour chercher mieux, je suis tombé de Charybde en Sylla.

Vous, Gustave-Laurent Mayer, chef apparent de votre maison, dans votre propre famille, vous passez pour fou, et ce n'est pas étonnant. Sorti hier pauvre commis de chez D...., vous vous trouvez quasi à la tête d'une maison, ayant des femmes et des esclaves ; il y a bien là de quoi tourner la cervelle d'un pauvre homme qui n'en a point. Avec vous je dédaigne toute explication ; je connais d'ailleurs votre haine pour moi, aussi bien que vous devez connaître mon mépris pour vous. Votre orgueil n'a jamais pu me pardonner de ce que je vous ai fait interdire la correspondance, et enlever la caisse par le chef occulte, mais réel, de votre maison. Aujourd'hui vous trouvez une occasion de vous venger, vous le faites, c'est tout naturel ; vous le faites d'une manière infâme, c'est naturel encore. Chaque animal agit suivant sa nature. L'aigle plane dans les cieux ; le serpent rampe sous la fange et mord ; personne ne s'est encore avisé de dire que vous fussiez un aigle....

Mais vous, M. Victor Laurent Mayer, vous dont on dit que

(1) Tous les documens cités dans cette lettre ont été vus par M. Vey...,
président de la Société commerciale et industrielle.

vous êtes *ce bâton* qu'on ne sait par quel bout prendre, homme à double face, partout et nulle part dans votre maison, dirigeant tout et ne signant que par procuration, vous enfin qui avez accepté le rôle odieux de mon dénonciateur, que me voulez-vous ? N'ai-je pas mis ordre à votre comptabilité ? mis fin au tohu-bohu de vos écritures ? Pendant ma gestion, avez-vous égaré des effets de portefeuille ? m'avez-vous vu contraint de balancer le compte de caisse par un article en masse de 80,000 francs, par suite de l'incapaoité du caissier ? N'ai-je pas, dans l'intérêt de l'ordre, bravé la haine de votre SOSIE ? Ai-je consenti à faire des articles de profits et pertes, quand un correspondant se trompait à son préjudice ? Quand votre mauvaise foi égarait votre prudence et pouvait compromettre la dignité de votre maison, n'ai- je pas toujours combattu votre mauvaise foi ? Si vous m'aviez toujours écouté, auriez-vous reçu ces affronts sanglans de Londres, Nismes, Roubaix ? Si j'avais été là, MM. Math... vous auraient-ils menacé d'un serment MORE JUDAICO ? menace qui, soit dit en passant, vous a fait *mettre les pouces* de suite, non que vous ayez de la religion, mais parce que vous êtes superstitieux. Avis à ceux que vous chicanez.

Vous ne me connaissiez pas quand je suis entré chez vous, dites-vous : que votre Sosie dise des choses qui n'ont pas le sens commun, cela ne m'étonne pas ; mais vous, *homme profond,* comment avez-vous pu proférer un pareil mensonge, quand pour prouver que vous êtes un grand sot ou un grand imposteur, ou tous deux ensemble, je n'ai qu'à produire la pièce suivante signée de vous ?

« Je soussigné, G. L. Meyer, déclare par le présent que le
« montant des affaires que j'ai faites avec M. C. O... dans le
« courant de l'année 1833, s'élève à la somme de 56,701 fr.
« 40 c., et qu'il est à ma connaissance que le dit sieur O. a ac-
« cordé une provision de 2 pour 100 à M. Créhange sur nos dites

« affaires. En foi de quoi j'ai délivré le présent à M. Créhange
« pour lui servir et valoir. Paris , le 13 janvier 1835.

« Par procuration de G. L. Meyer,

« V.-L. Meyer. »

En 1833, j'étais votre teneur de livres ; or, je le demande à
tout homme sensé, ayant les plus simples notions du commerce, *ne faut-il pas bien connaître un employé*, avoir la meil-
leure opinion de sa loyauté, de sa fidélité, de sa bonne foi,
pour lui permettre de recevoir une prime d'un vendeur ?
d'un vendeur qui pouvait avoir intérêt à corrompre un employé, d'un vendeur enfin qui conteste aujourd'hui cette
prime, parce qu'en effet il s'attendait *à des services* qu'on a
refusé de lui rendre, ne voulant se contenter de ceux qu'on
lui a rendus...

Eh bien ! vieux renard, consentirez-vous encore à ce que
soixante négocians croient que vous ayez été assez imbécile
pour recevoir chez vous un employé *inconnu* ; que vous avez
accordé une confiance illimitée à cet employé, sans prendre
les plus simples précautions, sans vous procurer des rensei-
gnemens qu'un petit margoulin ne négligerait pas en prenant
un commis ? Non, vous ne le pourrez pas, à moins d'être la
risée du commerce.

Ne pouvant vous dissimuler la faiblesse de tous ces moyens,
vous allez répétant, vous et votre Sosie, que je ne suis
qu'un ingrat, que vous m'avez chèrement payé, que vous avez
donné du tavail à ma femme et que vous avez élevé un de mes
neveux. Entendons nous ! d'abord vous payez mal, et, la preuve,
c'est qu'en dix-huit mois vous en êtes déjà à mon troisième
successeur ; quant à l'entreprise que vous avez donnée à ma
femme, il fallait bien que quelqu'un l'eût, et en la donnant à
ma femme, vous l'avez fait pour rogner mes appointemens.

Reste l'éducation que vous auriez donnée à mon neveu. Mais vous avez oublié de dire ce que vous lui avez appris. Est-ce le français ?

— Non.

— L'anglais, l'allemand ?

—Y pensez-vous ?

—La comptabilité ?

—Encore moins, comment l'aurions nous fait, il en savait plus que nous.

— Mais que lui avez-vous donc appris ?

Vous lui avez appris à donner des signatures de complaisance, et, en l'absence du sieur *David de Saint-Quentin* (qui n'est autre qu'un de vos frères, traité comme un paria dans vos magasins), c'est de lui, d'un enfant de quatorze ans, que vous sollicitiez la *première des trois signatures nécessaires pour faire admettre* CERTAINES ACCEPTATIONS *à la Banque de France.*

TOUT NÉGOCIANT HONNÊTE HOMME APPRÉCIERA LA MORALITÉ QU'IL Y A A FAIRE DONNER DES SIGNATURES DE COMPLAISANCE A UN ENFANT DE QUATORZE ANS.

Pour moi, puisque j'ai dédaigné vos beaux appointemens, votre entreprise de frangeage pour ma femme et *vos bontés* pour mon neveu, que faut-il en conclure ? c'est que la place n'est pas tenable, qu'il n'y a chez vous ni avenir ni garantie pour un employé, et, enfin quand un employé est souvent placé entre sa conscience et la porte, il doit finir par opter pour la porte. C'est ce que j'ai fait.

J'ai fourni à M. Vey... la preuve que, dans les quatre maisons où j'ai travaillé de 1813 à 1830, j'avais été aimé et estimé ; long-temps après être sorti de ces maisons, j'en ai en-

core reçu des témoignages de la plus honorable bienveil-
lance (1).

Je puis en dire autant de vous, car rien n'est plus honorable que votre haine et vos injures ; malheur à celui que vous
prenez en amitié ! C'est à quoi la Commission n'a pas réfléchi.

Vous avez déclaré avoir à vous plaindre de moi ; en tout
cas, ces griefs doivent être de fraîche date, car je suis sorti
de chez vous en 1834, et c'est en 1835 que vous m'avez délivré le certificat sus-mentionné , et certes vous ne l'auriez pas
accordé si tout ce que vous avez débité sur mon compte était
fondé (car, il faut bien le répéter, ce certificat seul renverse
tout votre échafaudage de calomnies); vos griefs sont donc
récens. Mais quels sont ils ? C'est encore moi qui le dirai. Je
me suis permis de faire imprimer quelques tissus, et de suite
votre basse jalousie de me poursuivre et de me calomnier sans
relâche.

Anéanti par vos lâches persécutions, encore plus que par les
promesses fallacieuses et la faillite de Fig...., j'aurais répondu

(1) J'ai travaillé trois ans chez Riedel Volckmann et Comp. , à Leipsick ;
deux ans après ma sortie de leur maison, ils m'offrent un acte qui me donnait
droit de bourgeoisie dans leur ville, et me confient tous leurs achats à Saint-
Etienne.

J'ai voyagé deux ans pour Thiollière Peyret à St. Etienne ; quand j'ai ma-
nifesté le désir de cesser les voyages, il m'écrivit : « Mon attachement ne
« doit pas être indiscret, et puisqu'il ne vous convient pas de conserver les
« fonctions dont ma confiance et mon amitié vous avaient chargé, etc., etc.»

De 1829 à 1831, j'ai travaillé en qualité de teneur de livres chez Gonon-
Deville à Saint-Etienne. En 1832 , en m'annonçant qu'ils se disposaient à
m'envoyer leurs échantillons pour les représenter à Paris, ils me dirent,
après de nombreuses protestations d'amitié : « Le vide que vous avez laissé
n'est pas encore rempli. »

M. Colard aîné, juge au tribunal de commerce de Saint-Etienne, m'é-
crivit dans le même sens.

par une vérité à vos mensonges; Voyez le mal! Mais ce que j'ai dit serait faux, je vous aurais colomnié, avez vous le droit de vous plaindre si je choisis vos armes pour me défendre.

Voici donc, Messieurs, ce qui a allumé cette grande, cette terrible colère; il faut bien qu'on le sache. Voici pourquoi. Sous le prétexte d'une communication amicale, vous m'avez attiré chez vous pour m'insulter comme des lâches, quatre contre un : voici donc la seule, l'unique cause de votre dénonciation! pauvres gens que vous êtes! ajoutez alors encore cette leçon à toutes celles que je vous ai données : Quand on est si riche que vous *l'êtes* ou que vous *le dites*, on se moque d'une pareille assertion. La rage et les fureurs, dans ce cas, sont d'une très grande maladresse, et tendent à faire croire que rien n'est plus vrai que ce qu'on s'efforce de nier. Aussi la personne à laquelle, dans le paroxisme de votre colère, vous avez dit que vous aviez 200,000 fr. en portefeuille, est sortie de chez vous bien convaincue qu'il n'y avait pas le sou.

Revenant à votre infâme dénonciation, que tout le monde sait n'avoir été que l'effet d'une basse vengeance, c'est devant les tribunaux que vous en auriez répondu; mais la volonté toute puissante, pour moi, d'un père octogénaire vous protège. Le vieux pasteur prêche le pardon des injures, c'est ainsi qu'il répond aux monstres qui veulent le priver d'un morceau de pain.

Tout en respectant ces principes, je ne puis m'empêcher de me justifier, et, pour cela, il suffit de vous faire connaître; tel est l'objet de cette lettre.

Vous avez osé parler de banqueroutier frauduleux, vous M. Victor Laurent Mayer! Dites nous donc quel est le banqueroutier frauduleux, moi ou vous? Moi, qui ne me suis jamais caché, qui ai tout donné à mes créanciers, et qui suis réduit à travailler chez des étrangers pour donner du pain à ma famille ; ou vous, qui avez été caché long-temps, avez été assez adroit pour dissimuler et conserver une partie de l'avoir de vos créanciers, et qui vivez dans l'opulence ? Moi, qui ai toujours signé mes opérations commerciales de mon nom ; ou vous, qui vous laissez traîner à la remorque, et cachez vos opérations commerciales derrière la signature d'un homme de paille ! Répondez !...

J'ai fourni à M. le directeur Vey... mon itinéraire de Dresde à Paris, avec une notice historique et les pièces justificatives à l'appui. On attend de vous, mon accusateur, un itinéraire semblable, seulement de Luneville à la rue Richer ; jusqu'à ce que vous l'ayez fourni, et jusqu'à ce que vous ayez répondu aux questions ci-dessus, loin de rechercher la conduite des autres, pour les désigner calomnieusement à la réprobation, résignez-vous à rester cloué au poteau de l'infâmie, et taisez vous.

Il est une dernière circonstance que je ne saurais passer sous silence.

Vous êtes des juifs, moi aussi je suis juif ; c'est peut être là tout le secret de votre succès facile devant la Commission : ces Messieurs auront dédaigné de s'occuper sérieusement de moi, auront refusé de voir mes pièces, trouvant plus simple de me juger sur les échantillons de *grandeur naturelle* qu'ils avaient sous les yeux ; et ces échantillons valent peu de chose, il n'y a qu'une voix là-dessus dans la Société, qui commence seulement à vous connaître ; mais c'est précisément cette ressemblance, cette parité avec vous, qu'il m'importe de repousser, tant en mon nom, qu'au nom de l'immense majorité de mes coreligionnaires.

Sans doute, les juifs ne sont pas moins que les hommes de toutes les nations soumis aux faiblesses humaines, et d'ailleurs il existe encore parmi nous de ces malheureux qui, n'ayant rien appris et rien oublié, n'ont jamais ressenti l'heureuse influence de notre glorieuse régénération; ce sont ceux-là qui font dire *les Juifs*, comme on dit *les Normands*. Vous êtes du nombre de ces misérables ; vous et vos pareils déshonorez toute une nation. Pour vous, tromper, c'est jouir; jouir, c'est tromper. Vous avez beau dissimuler, faire les hypocrites, vous ne dépouillerez pas le vieil homme. Il ne s'agit pas de changer un *a* en *e*, c'est votre cœur qu'il faudrait changer, et vous ne le pouvez pas ; des gens comme vous seront éternellement l'opprobre de toutes les nations, la honte et le scandale de toutes les religions, de toutes les communions.

Juif moi-même, je rends grâce à Dieu de n'avoir rien de commun avec des juifs comme vous; c'est ce qu'il faut que votre commission sache. Chef de la communauté de Lyon, président du comité de bienfaisance israélite de cette ville, jamais je ne distinguais entre le juif et le chrétien, quand il s'agissait de faire le bien (1); secrétaire d'une société de bienfaisance israélite à Paris (2), chargé d'en rédiger les statuts, j'ai fait adopter plusieurs articles (3), d'où il résulte que, dans la distribution de leurs bienfaits comme dans toutes les actions de leur vie, les véritables disciples de Moïse ne doivent voir que des frères dans les hommes, et surtout dans les malheureux de tous les

(1) J'ai les lettres les plus flatteuses du consistoire, relativement à mon administration.

(2) *Réunion de la maison d'Aron.*

(3) Art. 10, titre V. Tous les ans, le jour de la fête du Roi, il sera fait des distributions de secours à dix familles pauvres, dont cinq juives et cinq chrétiennes.

Art. 13. Le directeur peut, sans consulter le bureau, accorder des secours à un étranger dans le besoin, de quelque religion qu'il soit, à quelque nation qu'il appartienne.

Art. 1, titre XIV. Les étrangers non israélites jouiront des cartes des dispensaires dont la société dispose, etc., etc.

pays, de toutes les religions. Le souverain Dispensateur de tout bien ne fait-il pas luire le soleil pour tout le monde, *même pour vous qui ne voulez pas qu'il luise pour votre voisin.*

Paris, septembre 1835.

Imprimerie de J. Smith, rue Montmorency, 16.

www.ingramcontent.com/pod-product-compliance
Lightning Source LLC
LaVergne TN
LVHW021610170726
843501LV00010B/3974